33 Recettes de Repas qui vous aideront à lutter contre le Cancer de la Prostate, augmenter votre énergie, et vous sentir mieux:

La solution simple à vos problèmes de cancer

Par

Joe Correa CSN

TOUS DROITS RESERVES

© 2016 Live Stronger Faster Inc.

La reproduction ou la traduction de toute partie de ce travail au-delà de ce qui est permis par l'article 107 ou 108 de la Loi de 1976 sur le droit d'auteur des États-Unis, sans l'autorisation du propriétaire du droit d'auteur est illégale.

Cette publication est conçue pour fournir des informations précises et fait autorité en ce qui concerne la matière couverte. Elle est vendue avec la compréhension que ni l'auteur ni l'éditeur ne se sont engagés à donner un avis médical. Si des conseils ou une assistance médicale est nécessaire, consulter un médecin. Ce livre est considéré comme un guide et ne doit pas être utilisé en aucune façon préjudiciable à votre santé. Consultez un médecin avant de commencer ce plan nutritionnel pour vous assurer qu'il est bon pour vous.

REMERCIEMENTS

Ce livre est dédié à mes amis et à ma famille qui ont eu des maladies bénignes ou graves pour qu'ils puissent y trouver une solution et faire les changements nécessaires dans leur vie.

33 Recettes de Repas qui vous aideront à lutter contre le Cancer de la Prostate, augmenter votre énergie, et vous sentir mieux:

La solution simple à vos problèmes de cancer

Par

Joe Correa CSN

CONTENU

Droits d'Auteur

Remerciements

À Propos de l'Auteur

Introduction

33 Recettes de Repas qui vous aideront à lutter contre le Cancer de la Prostate, augmenter votre énergie, et vous sentir mieux: La solution simple à vos problèmes de cancer

AUTRES TITRES DE CET AUTEUR

À PROPOS DE L'AUTEUR

Après des années de recherche, je crois sincèrement en les effets positifs que la bonne nutrition peut avoir sur le corps et l'esprit. Ma connaissance et mon expérience m'ont aidé à vivre en meilleure santé tout au long des années, et j'ai voulu partager ceci avec la famille et les amis. Plus vous en savez au sujet de comment vous nourrir et boire plus sainement, et le plus tôt vous aurez envie de changer votre vie et vos habitudes alimentaires.

La nutrition est un élément clé dans le processus d'être en bonne santé et de vivre plus longtemps, alors n'attendez pas et commencez des aujourd'hui. La première étape est la plus significative et la plus importante.

INTRODUCTION

33 Recettes de Repas qui vous aideront à lutter contre le Cancer de la Prostate, augmenter votre énergie, et vous sentir mieux: La solution simple à vos problèmes de cancer

Par Joe Correa CSN

En général, le Cancer est une maladie bien connue qui attaque plusieurs organes et autres parties de notre corps, d'une certaine manière il augmente anormalement la croissance des cellules en causant la propagation du carcinome en un processus appelé métastases; bien qu'il existe plusieurs traitements pour le cancer, les métastases sont extrêmement envahissants, et peuvent tuer plusieurs fois les bonnes cellules durant le processus.

Le cancer de la Prostate concerne plus les hommes que les femmes en ce moment.

La Prévention contre le Cancer nécessite le développement d'un style de vie qui implique un régime sain et des exercices physiques.

Prendre conscience de vos prises de repas est le premier pas pour une vie plus saine. Pour cela vous devriez être conscient de la qualité et des propriétés des aliments que vous consommez aussi bien que de la meilleure manière de les cuisiner pour en tirer le maximum d'effets positifs.

Le but de ce livre est de vous donner les plus récentes et meilleures manières de nourrir votre corps avec des aliments non-transformés, et dans le processus, de modifier vos anciennes habitudes alimentaires pour en avoir de meilleures et de plus prometteuses.

Vous nourrir plus sainement peut être délicieux si vous savez quels aliments choisir et comment les combiner. Manger plus intelligemment changera de manière significative l'absorption et l'utilisation des vitamines et minéraux par votre corps et vous en sentirez les effets sur votre système immunitaire et sur la prévention contre toute sorte de maladie. Ajoutez ces recettes de repas à votre vie de tous les jours pour prévenir et combattre le cancer de la prostate.

33 RECETTES DE REPAS QUI VOUS AIDERONT A LUTTER CONTRE LE CANCER DE LA PROSTATE, AUGMENTER VOTRE ENERGIE, ET VOUS SENTIR MIEUX:

LA SOLUTION SIMPLE A VOS PROBLEMES DE CANCER

1. PAIN AU GRAINES DE LIN ET CANNEBERGE

Cette recette délicieuse de pain est plus qu'une régalade prodigieuse et saine, c'est aussi parfait pour un régime de prévention contre le cancer grâce aux importants ingrédients qui se trouvent dans les graines de lin. Les graines de lin ont une énorme quantité de lignines qui bloquent et éliminent les cellules cancérigènes, ils sont aussi riches en acides gras oméga-3 (comme les noix) que l'on considère protéger contre les cancers du colon, du cœur et de la prostate.

Ingrédients:

- ¼ tasse de jus de Citron
- ¼ tasse d'huile de Canola
- ½ tasse de Miel
- 2 petites cuillères de Vanille

- 1 tasse de lait d'Amandes
- ½ tasse de graines de Lin moulues
- 2 tasses de Blé complet
- 2 petites cuillères de Levure chimique
- 1 petite cuillère de bicarbonate de Soude
- ¾ tasse de Canneberges séchées ou surgelées
- ½ tasse de Noix, découpées

Préparation:

- Préchauffer le four à 350°F et huiler un moule à pain ;
- Dans un bol de taille moyenne mélanger le jus de citron, l'huile, le miel, la vanille et le lait d'amandes ensemble ;
- Ajouter les graines de lin moulues et les ingrédients secs, mixer jusqu'à ce que ce soit juste bien mélangé ;
- Ajouter les canneberges et les noix et verser la pâte dans le moule préparé ;
- Mettre au four pendant 40 minutes, jusqu'à ce que ce soit brun doré ;

Laisser refroidir avant de découper en tranches.

2. SALADE DE MAQUEREAU AU GINGEMBRE & CONCOMBRES

Ce plat formidable fait ressortir la saveur et le goût délicieux de la combinaison du gingembre et du concombre. La racine de Gingembre est un anti-inflammatoire puissant et un antioxydant qui agit en réduisant la capacité de croissance des tumeurs. D'autre part il a été démontré que le concombre a des lignines qui réduisent les risques de cancers utérins et de la prostate.

Ingrédients:

- 2 filets de Maquereaux
- 1 Oignon découpé
- 1 Poivron rouge découpé
- 1 jus de Citron
- du Gingembre râpé
- 1 gousse d'Ail émincée
- 3 grandes cuillères de Miel séparées, 1 puis 2
- 1 Concombre
- 2 grandes cuillères d'algues Wakame séchées
- 4 grandes cuillères de Vinaigre de Riz

- 1 petite cuillère d'huile de Sésame
- 1 grande cuillère de graines de Sésame
- sel et poivre, au goût

Préparation:

- Frotter le poisson avec le sel et le poivre ;
- Préparer la marinade en mélangeant le jus de citron, le gingembre et 1 grande cuillère de miel, verser sur le poisson et glacer pendant 30 minutes ;
- Couper le concombre en tranches fines et saupoudrer de sel, réserver pendant 10 minutes ;
- Réhydrater le wakame en le trempant dans l'eau selon les instructions du paquet ;
- Préparer la vinaigrette en mélangeant le vinaigre de riz, l'huile de sésame et le restant de miel ;
- En attendant, chauffer le grill et mettre le poisson la peau vers le dessus sur une feuille de cuisson ou d'aluminium, faire griller 5 minutes de chaque côté ;
- Laver et rincer le concombre pour enlever le sel ;
- Mettre le concombre et le wakame ensemble et saupoudrer avec les graines de sésame ;

- Servir le maquereau avec la salade de concombre et verser une cuillère de vinaigrette sur chaque plat.

3. POIVRONS FARCIS

Avec ce plat vous apprécierez les avantages des poivrons organiques, du curcuma, de l'ail, des oignons et des tomates, le tout plein de vitamines et d'ingrédients qui vont booster votre organisme et protéger votre corps. Par exemple, le curcuma stimule l'apoptose du cancer (la mort du cancer) et réduit la croissance des tumeurs, et les tomates sont une grande source de Lycopène qui aide aussi à la prévention contre la croissance des cellules et du cancer de la prostate.

Ingrédients:

- 2 à 3 Poivrons colorés
- 1 tasse de Riz brun
- 1 petite cuillère de Cumin
- ½ petite cuillère de Curcuma
- 3 tasses d'eau
- une demi-Aubergine découpée
- 1 Courgette découpée
- 1 Oignon rouge découpé en dés
- 1 gousse d'Ail écrasée

- 1 tasse de sauce Tomates au naturel
- 3 grandes cuillères d'huile d'Olive
- sel et poivre, au goût

Préparation:

- Préchauffer le four à 380°F ;
- Préparer les poivrons : couper le côté du haut et enlever les graines, frotter l'intérieur et l'extérieur avec du sel et du poivre ;
- Dans une casserole d'eau bouillante mettre le riz, le cumin, le curcuma et un peu de sel et faire bouillir pendant 12 à 15 minutes ;
- Laver, peler et couper l'aubergine, la courgette et l'oignon en dés ;
- Dans une poêle huilée faire frire les légumes en les mélangeant jusqu'à ce qu'ils soient tendres ;
- Quand le riz est prêt, l'ajouter en paquets aux légumes en mélangeant à chaque paquet ;
- Ajouter la sauce tomates et bien mélanger ;

- Avec une cuillère, remplir les poivrons avec la farce, les couvrir avec une feuille de cuisson ou d'aluminium et mettre au four pendant 20 minutes ;

- Enlever la feuille de cuisson ou d'aluminium et remettre au four pendant 3 à 5 minutes de plus.

4. SALADE DE FRAMBOISES

Cette salade rafraîchissante a pour but de préserver votre santé, grâce aux framboises qui contiennent de l'acide éllagique du polyphénol et autres composants qui contribuent à l'élimination des substances cancérigènes et inhibent l'angiogenèse (empêche la néo vascularisation, la formation de nouveaux vaisseaux sanguins).

Ingrédients:

- 4 tasses de Laitue Romaine tranchée
- 2 tasses de Cressons
- 2 tasses de Radicchio (ou Trévise, c'est une Chicorée à feuilles rouges)
- 2 tasses de Framboises
- ¼ tasse d'Amandes hachées
- 6 grandes cuillères de jus de Grenade Naturel
- 3 grandes cuillères d'huile d'Olive
- 3 grandes cuillères de Vinaigre de Pommes
- 2 grandes cuillères de Miel
- sel et poivre, au goût

Préparation:

- Préparer la vinaigrette en mélangeant le jus de grenade, l'huile d'olive, le vinaigre de pommes, le miel, du sel et du poivre, réserver ;

- Laver et rincer la laitue, le cresson et le radicchio, couper grossièrement ;

- Dans un grand bol, mettre le mélange vert, verser la vinaigrette dessus et mixer jusqu'à ce que ce soit bien mélangé ;

- Saupoudrer avec les amandes et servir.

5. BOOSTER MATINAL FRUITÉ

Le petit-déjeuner est le repas le plus important de la journée, ce repas vous fournira toute l'énergie dont vous avez besoin pour la journée tout en nettoyant votre organisme et en revitalisant votre santé. Il a été démontré que les incroyables propriétés de ces ingrédients ralentissent et préviennent le développement des cellules cancérigènes du colon, du foie, du sein et de la prostate.

Ingrédients:

- 1 Banane mûre, écrasée
- 1 tasse de Blé complet
- ¾ tasse de lait d'Amandes
- 1 Œuf légèrement battu
- 1 petite cuillère de Levure chimique
- 1 petite cuillère de Bicarbonate de Soude
- 1 petite cuillère de Sel
- 2 petites cuillères de Vanille
- ¼ tasse de Noix hachées
- Votre confiture préférée, des fruits frais ou du sirop d'Érable

- 1 tasse d'Eau chaude
- 2 petites cuillères de Thé Vert
- 1 petite cuillère de Gingembre émincé
- le jus d'un demi-Citron
- du Miel, au goût

Préparation:

Pour le Thé:

- Mettre le thé et le gingembre dans l'eau chaude et laisser de côté pendant que vous faites les crêpes ;
- Puis ajouter le jus de citron et le miel.

Pour les crêpes :

- Mélanger ensemble le lait d'amandes, l'œuf, la banane, le blé, la levure, le bicarbonate de soude, le sel et la vanille ;
- Enduire une poêle avec du spray à cuisiner et faire chauffer à feu moyen ;
- Verser ¼ de tasse de la pâte sur la poêle et saupoudrer avec les noix, faire cuire 1 minute de chaque côté ;
- Servir avec votre confiture préférée, des fruits frais ou du sirop d'érable.

6. FOCACCIA DE TOMATES SÉCHES

Ceci est une option de repas sain et une délicieuse régalade. Appréciez les avantages des tomates, cette fois avec du blé complet qui est une grande source de fibres. Les fibres diététiques sont associées à la diminution du risque de certains types de cancers tels que les cancers de la prostate, du colon et le cancer colorectal.

Ingrédients:

- ¾ tasse d'eau tiède
- 2 petites cuillères de Levure sèche active
- 1 grande cuillère de Miel
- 4 grandes cuillères d'huile d'Olive divisées
- 1 ½ tasse de blé complet
- 1 petite cuillère de Sel Kasher (non iodé)
- 1 gousse d'Ail émincée
- ½ tasse de Tomates sèches hachées
- 1 petite cuillère d'Origan sec

Préparation:

- Préparer un plat de cuisson avec du spray à cuisine ;

- Dans un bol, mélanger l'eau, la levure et le miel, laisser reposer pendant 2 à 3 minutes ;

- Ajouter la farine, l'ail et l'huile, pétrir pendant 5 minutes ;

- Étaler la pâte dans le plat préparé et laisser se lever pendant 30 minutes ;

- Une fois que c'est levé, préchauffer le four à 375°F;

- Saupoudrer le sel kasher, les tomates séchées et l'origan sur la pâte et presser légèrement, arroser avec l'huile d'olive et mettre au four pendant 10 minutes.

7. SALADE FUNFETTI DE CHOU

Le chou rouge est riche en flavonoïdes qui préviennent la croissance de cellules pré-cancérigènes qui conduisent aux cancers du colon, colorectal et de la prostate. De plus les carottes sont pleins de bêta-carotènes qui sont connus pour prévenir une grande variété de cancers, y compris le cancer de la prostate.

Ingrédients:

- 2 grandes cuillères de Vinaigre de Pommes
- 1 petite cuillère de Miel
- 1 petite cuillère de Moutarde de Dijon
- 1 petite cuillère de graines de pavot
- 1 petite cuillère d'huile d'Olive
- sel et poivre, au goût
- 1 tasse de chou vert finement émincé
- 1 tasse de chou rouge finement émincé
- ½ tasse de carottes râpées
- ¼ tasse de noix du Brésil écrasées

Préparation:

- Pour la vinaigrette, mélanger le vinaigre, le miel, la moutarde, les graines de pavot, l'huile d'olive, le sel et le poivre ;
- Préparer les légumes comme indiqué ;
- Verser la vinaigrette sur les légumes et mélanger ;
- Saupoudrer avec les noix du Brésil et servir.

8. UN CHILI POUR UNE BONNE SANTÉ

Ce chili est composé d'ingrédients qui sont pleins d'aliments nutritifs : le curcuma, les oignons, les carottes, les piments, l'ail, les haricots et les tomates ! Tout dans ce plat alléchant est fait pour améliorer votre santé. Même les plus simples choses comme l'ail a des effets bénéfiques anti-cancérigènes. Ces composants organosoufrés comme l'allicine et l'allicine déclenchent la mort des cellules dans le cancer de la prostate.

Ingrédients:

- 1 grande cuillère d'huile
- Un demi-oignon découpé
- 2 feuilles de laurier
- 1 petite cuillère de cumin
- ½ petite cuillère de curcuma
- 2 tiges de céleri découpées
- 1 carotte, épluchée et découpée
- 2 poivrons découpés
- 1 piment écrasé
- 2 gousses d'ail émincées

- 1 tasse de haricots rouges cuisinés et égouttés
- 1 tasse de haricots noirs cuisinés et égouttés
- 2 tomates, cuites, épluchées et découpées
- 1 tasse de graines de maïs
- 2 grandes cuillères de poudre de chili
- du sel, au goût
- du poivre noir fraîchement moulu

Préparation:

- Préparer les ingrédients comme décrit ;
- Chauffer l'huile dans une casserole et mettre les oignons, les feuilles de laurier, le cumin, le curcuma et le sel ;
- Ajouter le céleri, les poivrons et l'ail et faire mijoter pendant 5 minutes ;
- Mélanger les tomates, la poudre de chili, le poivre noir et tous les haricots, laisser bouillir puis faire mijoter pendant 20 minutes ;
- Ajouter le maïs et mélanger, cuisiner pendant 5 minutes de plus ;
- Servir chaud.

9. LA PUISSANCE DU BROCOLI

D'entre tous les légumes crucifères, le brocoli est bien connu pour prévenir la transformation des cellules pré-cancérigènes en tumeurs malignes ; des études scientifiques ont démontré qu'il crée une défense solide contre les cancers du poumon, de la prostate, du sein, de l'estomac, du foie et des ovaires.

Ingrédients:

- de l'huile d'olive
- 2 gousses d'ail, émincées et divisées
- 1 grande cuillère de gingembre émincé
- 4 tasses de fleurons de Brocoli
- 1 oignon
- 2 grandes cuillères de miel
- 1 grande cuillère de vinaigre de pommes
- Du sel kasher, au goût
- Du poivre noir fraîchement moulu, au goût

Préparation:

- Préchauffer le four à 400°F, préparer un plat à cuisson enduit avec l'huile d'olive ;

- Mélanger l'ail, les fleurons de brocoli et le sel étaler sur une feuille de cuisson et enfourner pendant 5 minutes ;

- Pendant ce temps, chauffer une poêle sur un feu moyen avec de l'huile d'olive et faire sauter les oignons et une pincée de sel, jusqu'à ce que ce soit presque cuit ;

- Ajouter l'ail et le gingembre et remuer ;

- Ajouter le miel et le vinaigre et baisser le feu ;

- Quand c'est prêt, incorporer le brocoli et mélanger ensemble ;

- Servir et savourer.

10. LASAGNE VÉGÉTALE

Cette lasagne végétale est un parfait remplacement pour les pâtes industrielles et elle présente aussi les bienfaits des champignons qui contiennent des polysaccharides et du Lentinant, tous les deux sont des composants anti-cancérigènes.

Ingrédients:

- 1 grande cuillère d'huile d'olive
- 2 gousses d'ail émincées
- 2 tasses de champignons
- 2 tasses de jeunes épinards
- 1 tasse de sauce tomate au naturel
- 2 à 3 courgettes finement tranchées
- sel et poivre, au goût

Préparation:

- Préchauffer le four à 375°F;
- Chauffer l'huile dans une poêle et ajouter l'ail, les champignons, le sel et le poivre, cuisiner pendant deux minutes ;

- Incorporer les jeunes épinards et la sauce tomate, cuisiner pendant 3 à 4 minutes ;

- Dans un plat de cuisson, mettre un peu de sauce avec une cuillère dans le fond et arranger des tranches de courgettes par dessus, répéter jusqu'à la fin des ingrédients ;

- Mettre au four pendant 20 minutes;

- Laisser refroidir quelques minutes et servir.

11. SALADE DE PAPAYE SAVOUREUSE

Cette salade exotique met l'accent les bienfaits des papayes, une source riche en vitamine C et en acide folique. Il a été démontré que ce fruit minimise l'absorption de nitrosamines des aliments industriels cancérigènes et prévient certains cancers comme le cancer des ovaires et le cancer de la prostate.

Ingrédients:

- 1 gousse d'ail émincée
- Du sel kasher, au goût
- 2 grandes cuillères de vinaigre de vin
- 2 grandes cuillères de miel
- 2 petites cuillères de sauce de Sriracha
- 1 papaye ferme épépinée et découpée en dés
- 1 oignon rouge tranché
- 1 petite cuillère de paprika
- Du poivre noir fraîchement moulu, au goût

Préparation:

- Mélanger ensemble la papaye et les oignons

- Dans un bol de taille moyenne, mélanger l'ail, le sel, le vinaigre, le miel, la sauce de Sriracha, la paprika et le poivre moulu ;

- Verser la mixture sur les papayes et les oignons et mélanger pour incorporer ;

- Servir et savourer.

12. CURRY VÉGÉTAL

Préparez-vous à être dorloté avec ce curry végétal. Vous absorberez toutes les vitamines dont vous avez besoin pour combattre le cancer. Il vous fournira plein de lignines, flavonoïdes, bêta-carotène, lycopène et beaucoup d'autres composants qui promettent d'élever votre santé à un niveau supérieur et vous protégera contre un large éventail de nombreuses maladies.

Ingrédients:

- Un demi-oignon découpé
- 2 gousses d'ail écrasées
- 1 grande cuillère de gingembre râpé
- ¼ de tasse de tomates séchées découpées
- 1 grande cuillère d'huile d'olive
- 1 petite cuillère de cumin
- ½ petite cuillère de curcuma
- ½ petite cuillère de coriandre
- 2 grandes cuillères de lentilles
- 3 grandes cuillères de lait de noix de coco

- 1 grande cuillère de graines de lin moulues
- ½ tasse de pois chiches cuits et égouttés
- ½ tasse de citrouille en purée
- sel et poivre, au goût
- De la coriandre fraîche pour saupoudrer

Préparation:

- Mélanger l'oignon, l'ail, le gingembre, la citrouille et les tomates ensemble jusqu'à ce que cela ressemble à une purée ;
- Dans une poêle, chauffer l'huile et ajouter le cumin, le curcuma et la coriandre puis incorporer la purée et laisser bouillir ;
- Baisser le feu et ajouter les lentilles et le lait de noix de coco, faire mijoter 5 minutes ;
- Ajouter les pois chiches et les graines de lin en remuant et faire cuire pendant 3 à 5 minutes de plus ;
- Saupoudrer avec de la coriandre fraiche et servir.

13. SAUCE EN SOUPE

Cette sauce en soupe représente une nouvelle manière d'apprécier le goût et les qualités de la citrouille avec des pommes. D'un côté la citrouille est riche en caroténoïdes, lycopène et lutéine qui augmentent le développement des cellules immunitaires et leur pouvoir d'attaquer les cellules des tumeurs ; de l'autre côté les pommes sont une bonne source d'antioxydants et de flavonoïdes.

Ingrédients:

- 3 tasses de purée de citrouille
- 2 grandes pommes rouges
- 2 grandes cuillères d'huile d'olive
- 2 tasses de bouillon de poule
- ½ petite cuillère de cannelle
- sel et poivre, au goût
- ¼ de tasse de noix du Brésil écrasées pour saupoudrer

Préparation:
- Dans une poêle, chauffer l'huile et mettre les pommes coupées en dés avec la cannelle en remuant jusqu'à ce que les pommes commencent à se caraméliser ;

- Incorporer la purée de citrouille puis le bouillon de poule, le sel et le poivre et cuisiner pendant 7 minutes ;
- Laisser refroidir quelques minutes et bien mélanger ;
- Réchauffer si nécessaire ;
- Servir en saupoudrant avec les noix du Brésil par dessus.

14. GLACE À L'AVOCAT ET AU THÉ VERT

Cette glace est pleine de vitamines en commençant par la base de l'avocat qui est hautement riche en antioxydants, ce qui aidera votre organisme à attaquer les radicaux libre. Cette manière innovante de manger de l'avocat en le mélangeant avec de la matcha (thé vert en poudre du Japon) est un excellent moyen d'apprécier les glaces.

Ingrédients:

- 2 avocats, épluchés et surgelés
- ½ tasse de lait d'amande
- ½ tasse de lait de noix de coco
- 2 grandes cuillères de poudre de matcha
- ¼ tasse de dattes, découpées
- Une pincée de cardamome moulue

Préparation:

- Mélanger le lait d'amandes, le lait de noix de coco, les dattes, la cardamome et la poudre de matcha ensemble, ajouter 1 à 2 grandes cuillères de miel si désiré ;

- Incorporer graduellement l'avocat surgelé jusqu'à obtenir une texture crémeuse ;
- Servir immédiatement ou faire surgeler durant la nuit.

15. DÉLICE DE MUFFIN AU MATCHA

Nous parlions des effets bénéfiques du thé vert, le matcha est une forme incroyable de poudre de thé vert. Pour apprécier ses bienfaits utilisons le dans des recettes saines comme celle-ci. Ce thé vert Japonais est une source des plus riches en polyphénols et catéchines qui sont réputés pour inhiber les métastases. Et aussi le chocolat noir en flocons apporte une réelle saveur tout en fournissant une grande source d'antioxydants.

Ingrédients:

- 2/3 tasse lait d'amandes
- 2 grandes cuillères de vinaigre de cidre
- 1 grande cuillère de graines de lin moulues
- 3 grandes cuillères d'huile de canola
- 1/3 grande cuillère de miel
- une demi-banane écrasée
- 1 ½ grande cuillère farine complète
- 2 petites cuillères de levure chimique
- ½ petite cuillère de sel
- 2 grandes cuillères de poudre de matcha

- Des flocons de chocolat noir à >70% de cacao

Préparation:

- Préchauffer le four à 375°F et préparer un moule à muffin ;
- Mélanger le lait d'amande, le vinaigre et les graines de lin, mettre de côté pendant 5 minutes;
- Ajouter et mélanger l'huile, le miel et la demie banane ;
- Dans un grand bol, mélanger la farine, la levure, le sel et la poudre de matcha ;
- Verser la mixture liquide dans la mixture de farine et mixer jusqu'à presque mélangé mais pas trop ;
- Ajouter les flocons de chocolat et mélanger légèrement ;
- Remplir le moule de muffin au ¾ avec la pâte et mettre au four pendant 15 à 18 minutes.

16. CHAMPIGNONS FARCIS AU VERT

Dans cette recette, nous avons mélangé les puissantes propriétés des champignons, de l'ail, des épinards, des poivrons et de l'oignon, mais nous avons aussi incorporé les algues (wakame) qui contiennent des molécules qui ralentissent la croissance du cancer du sein, du colon et de la prostate.

Ingrédients:

- 2 chapeaux de champignons de Portobello
- 2 grandes cuillères d'huile d'olive, divisées
- 1 gousse d'ail
- 1 tasse de jeunes épinards
- 1 tasse de poivron découpé en cubes
- 1 petit oignon découpé en cubes
- ½ wakame séchée
- 1 à 2 grandes cuillères de jus d'huîtres
- sel et poivre, au goût
- Graines de Sésame pour saupoudrer

Préparation:

- Préchauffer le four à 400°F, graisser légèrement un plat à cuisson ;
- Réhydrater le wakame selon les instructions du paquet ;
- Dans une grande poêle, chauffer l'huile et faire frire les poivrons et l'oignon jusqu'à ce qu'ils soient presque tendres ;
- Ajouter les épinards et l'ail, faire sauter pendant une minute, verser dessus le jus d'huîtres, le sel et le poivre, cuisiner pendant 3 à 4 minutes ;
- Enlever du feu, ajouter le wakame rincé en remuant ;
- Servir et saupoudrer avec les graines de sésame.

17. CREVETTES SAUTÉES AU BLÉ

En plus de tous les bienfaits bien connus offerts par le brocoli, l'ail, l'oignon, l'échalote et les endives, cette recette fait appel au blé qui contient du germe de blé, de la thiamine, de la folate, du zinc, et encore plus de composants qui assurent un régime équilibré qui protège votre corps de toutes sortes de maladies.

Ingrédients:

- 1 tasse de blé
- 4 grandes cuillères d'eau
- 2 grandes cuillères de miel
- 2 grandes cuillères de vinaigre de riz
- 2 gousses d'ail émincées
- 2 tasses de fleurons de brocoli
- 1 oignon rouge, tranché
- 1 échalote tranchée
- 1 endive Belge tranchée
- 2 tasses de crevettes crues
- 2 grandes cuillères d'huile d'olive

- sel et poivre, au goût

Préparation:

- Cuisiner le blé selon les instructions du paquet, égoutter et laisser refroidir ;
- Pendant ce temps, mélanger ensemble l'eau, le miel, le vinaigre et l'ail ;
- Chauffer une poêle huilée et faire sauter les graines de blé égouttées sur un feu fort, remuer constamment jusqu'à ce que ce soit croustillant, réserver dans un bol ;
- Dans la même poêle, faire sauter le brocoli pendant 2 minutes, ajouter l'oignon et l'endive, le sel et le poivre, faire cuire pendant 5 minutes ;
- Incorporer les crevettes et faire cuire, ajouter la mixture humide et remuer pendant 2 minutes ;
- Ajouter le blé en remuant jusqu'à le tout soit bien mélangé ;
- Servir en saupoudrant avec l'échalote.

18. MIX DE SALADE AU QUINOA

Ce repas a plein de phytochimies, lycopène, ligan et allicine qui non seulement protègent votre système des maladies, mais, en plus ils aident à combattre les cellules cancérigènes, les inhibant de se répandre dans votre corps. Ce plat utilise aussi le quinoa qui fournit une grande part de fibres solubles.

Ingrédients:

- ¾ tasse de quinoa non cuisiné
- 1 tasse de bouillon de poulet au naturel
- ½ tasse de tomates séchées, découpées
- 1 gousse d'ail écrasée
- 2 tasses de chou frisé
- 2 tasses de chou rouge
- 1 avocat épluché, dénoyauté et découpé
- 1 grande cuillère d'huile d'olive
- 1 grande cuillère de vinaigre balsamique
- 3 grandes cuillères de noix du Brésil écrasées
- sel et poivre, au goût

Préparation:

- Faire bouillir le bouillon de poulet et ajouter le quinoa, le sel et le poivre, laisser cuire pendant 10 minutes, jusqu'à ce que le quinoa soit attendri et le liquide soit absorbé ;

- Dans une poêle huilée faire sauter rapidement l'ail, le chou frisé, le chou rouge, le sel et le poivre, en remuant constamment sur un feu fort ;

- Ajouter le quinoa en remuant avec les tomates sèches ;

- Servir avec les avocats par dessus et en arrosant avec du vinaigre balsamique.

19. UN BON COUP DE SOUPE VERTE

Charger votre système à plein avec cette soupe verte, avec des légumes pleins de bêta-carotène, glutathions, vitamines, et plusieurs antioxydants qui augmentent la production d'enzymes protectrices qui inhibent l'angiogenèse. Et aussi les noix du Brésil qui contiennent beaucoup de sélénium qui est associé au traitement contre le cancer de la prostate.

Ingrédients:

- Un demi-poireau, tranché
- 1 gousse d'ail émincée
- 2 tasses de fleurons de brocoli
- 2 tasses d'asperges découpées
- 1 tasse de petits pois
- 5 tasses de bouillon végétal ou de bouillon de poule au naturel
- 1 à 2 petites cuillères de sauce de Sriracha
- Jus d'un demi-citron
- Sel et poivre fraîchement moulu, au goût
- Noix du Brésil écrasées pour saupoudrer

Préparation:

- Chauffer une poêle huilée et faire sauter les poireaux pendant 5 minutes, ajouter l'ail et faire cuire une minute de plus ;

- Ajouter le bouillon, les fleurons de brocoli, les asperges et les petits pois, laisser mijoter pendant 7 minutes ;

- Mélanger la soupe et assaisonner avec le Sriracha, le citron, le sel et le poivre ;

- Servir en saupoudrant de noix du Brésil.

20. BARRES FRUITÉES

Satisfaites votre faim avec ces barres aux fruits & aux noix riches en acides gras oméga 3 et en plusieurs agents anti-cancérigènes qui se trouvent dans les pêches. D'un autre côté les ananas sont pleins de bromélaïne un composant important qui combat le cancer encore mieux que les drogues de la chimiothérapie.

Ingrédients:

- 1 ½ tasse de farine d'amandes
- 1 ½ tasse de farine de d'avoine
- ½ tasse de miel
- 2 grandes cuillères d'huile de canola
- 3 tasses de pêches découpées
- 1 tasse de nectarines coupées
- 1 tasse d'ananas coupé
- 1 tasse de cerises
- ½ tasses de jus d'orange
- ½ tasse de grenade
- 2 petites cuillères de gelée granulée

Préparation:

- Préchauffer le four à 400°F et graisser légèrement un plat de cuisson ;

- Mélanger la farine d'amandes, la farine d'avoine, le miel et le canola jusqu'à ce que cela forme des grumeaux ;

- Verser la mixture dans le plat de cuisson et presser pour former une couche, enfourner pendant 10 minutes ou jusqu'à ce que ce soit brun doré ;

- Pendant ce temps, préparer la farce en chauffant une casserole huilée à feu moyen et en y mettant tous les fruits et les jus et faire mijoter pendant 5 minutes ;

- Mixer la gelée avec de l'eau froide ;

- Enlever la farce et faire refroidir pendant 5 minutes, incorporer la gelée hydratée et remuer jusqu'à ce que ce soit bien mélangé ;

- Verser la farce sur la pâte croustillante et mettre au réfrigérateur toute la nuit.

- Couper la tarte en barres et se régaler.

21. MEILLEURE SAUCE TOMATE POUR LA SANTÉ

Nous apportons la sauce tomate à son meilleur niveau pour booster votre corps avec les propriétés du lycopène dans la tomate. Cette recette est pleine de différents légumes qui fournissent une grande source de fibres. Les mélanger ensemble est la meilleure manière de profiter de tous les nutriments qu'ils contiennent.

Ingrédients:

- 3 grandes cuillères d'huile d'olive
- 3 gousses d'ail émincées
- 1 gros oignon découpé en dés
- 1 grande carotte découpée en dés
- 1 poivron vert découpé en dés
- 1 courgette découpée en dés
- 1 tasse de bouillon de poule au naturel
- 2 livres de tomates
- 2 petites cuillères de paprika
- 3 petites cuillères d'origan séché
- 3 feuilles de laurier séchées

- 3 feuilles de basilic séchées
- sel et poivre, au goût

Préparation:

- Dans une grande casserole faire chauffer l'huile et ajouter la paprika, l'origan et les feuilles de basilic, remuer pendant moins d'une minute et incorporer les carottes et les poivrons, cuisiner pendant 3 minutes et ajouter les oignons, l'ail et les courgettes, le sel et le poivre, cuisiner pendant 8 à 10 minutes, après ceci, en utilisant des pincettes, enlever les feuilles de laurier et de basilic ;

- Pendant ce temps, dans une autre casserole faire bouillir de l'eau et ajouter les tomates pendant 5 à 7 minutes, jusqu'à ce que le peau commence à s'enlever, arrêter le feu et ajouter de l'eau froide. Quand c'est froid, finir de peler les tomates et jeter le restant d'eau.

- Quand elles n'ont plus de peau, mélanger les tomates dans le bouillon de poule avec les légumes, laisser mijoter pendant 20 minutes en remuant de temps en temps ;

- Si désiré vous pouvez mélanger tous les ingrédients pour avoir une sauce homogène, et ajouter un ou deux filets d'anchois pour faire une sauce parfaite pour la pizza.

22. PÂTE À PIZZA AU BLÉ COMPLET SANS PÉTRIR

Saviez-vous qu'il y a un moyen de profiter d'une pizza et en même temps de se nourrir sainement ? Parce que nous aimons tous manger une pizza, nous allons vous montrer une pâte à pizza bonne pour la santé qui remplacera parfaitement la pizza industrielle des magasins. Pour un goût amélioré et un bon résultat, recouvrez-la avec de la sauce tomates au naturel, du fromage râpé faible en matières grasses et vos garnitures favorites.

Ingrédients:

- 3 tasses de farine de blé complet
- 1 grande cuillère de levure instantanée
- 1 petite cuillère de sel kasher
- 1 tasse d'eau tiède
- 1 grande cuillère d'huile d'olive
- 1 grande cuillère de miel

Préparation:

- Dans un grand bol, mélanger les ingrédients secs ;

- Dans un petit bol mélanger les ingrédients humides et verser les dans la farine tout en mélangeant jusqu'à ce que ce soit incorporé et qu'une pâte grossière se forme.

- Transférer la pâte dans un bol propre et graissé et couvrir avec un film alimentaire en plastique, laisser reposer 1 heure ou jusqu'à ce que ça double de volume ;

- Dégonfler doucement la pâte en utilisant une cuillère en bois, faire deux ou trois plis et laisser reposer 30 minutes de plus ;

- Quand la pâte est prête, utiliser un rouleau pour créer une couche fine et couvrir avec vos garnitures préférées ;

- Mettre au four à 450°F pendant 10 à 13 minutes.

23. CRUMBLES DE FRAMBOISES

Ce dessert décadent a un incroyable goût parfait pour satisfaire tous les gourmands de friandises sucrées, et fournit aussi un fort apport de nutriments et composants bénéfiques envers la prévention contre le cancer. C'est le cas de l'acide pélagique que l'on trouve dans les framboises qui stimule l'apoptose, ce qui fait de la framboise un fruit anti-cancérigène et antimutagène naturel.

Ingrédients:

- 2 tasses de framboises
- 2 grandes cuillères de miel, divisées
- 3 grandes cuillères de farine au blé complet, divisées
- 1 grande cuillère de jus de grenade
- ½ tasse de flocons d'avoine
- ¼ tasse d'amandes découpées
- ½ petite cuillère de cannelle
- 1 grande cuillère d'huile de canola

Préparation:

- Préchauffer le four à 400°F ;

- Mélanger les framboises, 1 cuillère de miel, le jus de grenade et 1 cuillère de farine, divisés en 4 ramequins ;

- Mélanger l'avoine, les amandes, la cannelle, le restant du miel et de farine, ajouter l'huile et remuer jusqu'à ce que ce soit bien mélangé. Saupoudrer avec le mélange de fruits ;

- Mettre au four pendant 20 minutes, laisser refroidir 15 minutes avant de servir.

24. MINI CALZONE

Nous voulons vous apprendre que manger sainement ne signifie pas que l'on ne peut pas manger des choses délicieuses, alors nous vous présentons ce formidable mini calzone, un dîner familial parfait tout en respectant votre régime nutritionnel.

Ingrédients:

- 1 balle de pâte "PÂTE À PIZZA AU BLÉ COMPLET SANS PÉTRIR" recette vue précédemment dans ce livre...
- 1 tasse de sauce tomate
- ½ tasse de fromage râpé
- ½ tasse de basilic frais
- 1 tasse de jeunes épinards
- Un demi-oignon rouge
- ¼ tasse d'olives noires
- 1 petite cuillère d'origan séché
- 1 petite cuillère d'ail séché
- 1 petite cuillère de thym séché
- 1 petite cuillère de flocons de piment rouge

- ½ petite cuillère de poivre noir moulu
- 2 grandes cuillères d'huile d'olive
- 1 œuf

Préparation:

- Préchauffer le four à 400°F
- Couper la pâte en 4 morceaux, étaler les morceaux également sur une surface farinée pour faire 4 petites pizzas ;
- Mixer tous les ingrédients de la farce ensemble jusqu'à ce que ce soit bien mélangé ;
- Avec une cuillère, mettre deux ou trois cuillerées de la farce sur une moitié de chaque pizza et replier doucement pour former comme une demi-lune ;
- Appuyer sur le pourtour pour bien coller ;
- Badigeonner avec l'œuf battu et saupoudrer avec du sel kasher ;
- Mettre au four pendant 18 minutes.

25. BOUCHÉES SAINES AU THON

Pour ce plat on se focalise sur les bienfaits du thon qui contient de l'acide gras oméga 3, les propriétés anti-inflammatoires et antioxydantes du gingembre aussi bien que l'olive noire qui procurent encore plus d'antioxydants et de vitamines nécessaires pour une journée.

Ingrédients:

- 2 filets de thon sans peau
- 1 grande cuillère de pâte de curry
- 1 grande cuillère de gingembre frais râpé
- 1 grande cuillère d'aneth émincé
- 1 grande cuillère de coriandre fraîche émincée
- 1 petite cuillère d'huile d'olive
- sel et poivre, au goût

Préparation:

- Dans un robot de cuisine, mixer les filets de thon, la pâte de curry, le gingembre, l'aneth, la coriandre, le sel et le poivre ;
- Verser la mixture dans un bol et former un burger ;

- Dans une poêle huilée, faire frire les burgers pendant 4 minutes de chaque côté ;
- Servir avec du pain au blé complet et votre salade préférée.

26. SAUMON SUCRÉ & ÉPICÉ

Dans ce plat, nous combinons le sucré et l'épicé des mangues et des piments jalapeños, les mangues ont pleines de vitamines et de composants bêta-carotène alors que les piments jalapeños sont riches en capsaïcine qui neutralisent les substances qui peuvent causer le cancer.

Ingrédients:

- 2 filets de saumon
- 1 grosse mangue, épluchée et coupée en dés
- 1 piment jalapeño rouge épépiné et émincé
- 1 citronnelle fraîche émincée
- 1 grande cuillère de vinaigre de riz
- 1 grande cuillère de miel
- 2 grandes cuillères d'huile d'olive, divisées
- sel et poivre, au goût

Préparation:

- Frotter les filets de saumon avec le sel et le poivre ;

- Mélanger la mangue, le jalapeño, la citronnelle, le vinaigre et le miel ;

- Dans une poêle, chauffer 1 cuillère d'huile, mettre le saumon et faire cuire 3 minutes de chaque côté, mettre de côté ;

- Dans la même poêle, chauffer le reste de l'huile et faire frire la mangue en remuant pendant 3 à 4 minutes, ajouter le saumon et l'enduire avec les jus et les fruits ;

- Enlever du feu et servir.

27. SALADE DE FIGUES

Les figues sont formidables pour prévenir et combattre le cancer. Grâce aux dérivés benzaldéhyde, il a été démontré que les figues diminuent la grosseur des tumeurs et c'est aussi un grand tueur de bactéries.

Ingrédients:

- 4 figues découpées
- 4 tasses de laitue Romaine découpée
- ½ feuille de basilic
- ¼ de noix de pécan découpées
- 3 grandes cuillères de vinaigre de cidre
- 2 grandes cuillères d'extrait de figues
- 1 grande cuillère d'huile d'olive
- sel et poivre, au goût

Préparation:

- Dans un petit bol, battre ensemble le vinaigre, l'extrait de figues, l'huile, le sel et le poivre ;
- Mettre les ingrédients restants dans un grand bol ;

- Verser la vinaigrette sur la salade verte et mélanger ;
- Servir avec un morceau de figue sur le dessus et saupoudrer avec un peu de noix de pécan.

28. BROCHETTES COLORÉES

Les brochettes représentent un manière amusante de cuisiner et de manger, et dans ce cas, les brochettes colorées sont pleines de vitamines et de bêta-carotènes que l'on trouve dans les poivrons. Ils apportent aussi les bienfaits de la bromélaïne qui se trouve dans les ananas, comme on l'a dit avant, ce composant combat le cancer et il est plus efficace que les médicaments de la chimiothérapie.

Ingrédients:

- 1 poivron rouge découpé
- 1 poivron vert découpé
- 1 poivron jaune découpé
- 1 oignon rouge découpé
- 2 tasses d'ananas découpés
- 2 grandes cuillères d'huile d'olive
- 1 jus de citron
- 2 gousses d'ail émincées
- 1 petite cuillère de paprika
- sel et poivre, au goût

Préparation:

- Préparer tous les ingrédients comme décrits et les embrocher sur les brochettes en alternant les ingrédients ;
- Battre ensemble le jus de citron, l'ail, la paprika, l'huile, le sel et le poivre ;
- Enduire les brochettes avec la marinade et laisser mariner 30 minutes;
- Griller pendant 10 à 15 minutes.

29. SOUPE FACILE À L'AIL

Comme nous l'avons déjà mentionné, les effets anti-cancérigènes de l'ail sont nombreux. Ses composants immunitaires améliorés aident l'organisme à combattre et à bloquer les cellules cancérigènes, et des études ont associé l'ail à la réduction des risques de cancer de l'estomac, du colon et de la prostate.

Ingrédients:

- 6 grandes cuillères d'huile d'olive
- 1 tête d'ail
- 2 grandes cuillères de farine de blé complet
- 4 tasses de bouillon de poule au naturel
- du thym séché
- de l'origan séché
- du basilic séché
- sel et poivre, au goût

Préparation:

- Couper la tête d'ail en deux, sans l'éplucher ;

- Chauffer une casserole huilée à feu moyen et placer chaque demi-tête d'ail à plat, cuisiner jusqu'à ce que l'ail soit tendre et joliment bruni, la peau s'enlèvera alors facilement ;

- Enlever du feu et écraser l'ail avec la farine en les mélangeant jusqu'à ce qu'une pâte grossière se forme ;

- Remettre au feu et ajouter le bouillon chaud, ajouter le thym, l'origan, le basilic, le sel et le poivre, cuisiner jusqu'à obtenir la consistance voulue.

30. SALADE DE THON

Une fois encore nous voulons utiliser les bienfaits du thon et ses acides gras omégas 3, mais cette fois en combinant les propriétés des radis qui sont riches en anthocyanines qui sont des puissantes molécules anti-cancérigènes qui empêchent les cellules cancérigènes de se développer.

Ingrédients:

- 2 filets de thon frits
- 1 poivron rouge
- 1 oignon rouge
- 2 Tomates
- 3 tasses de laitue romaine
- 2 tasses de radicchio
- 1 tasse de radis tranchés
- 3 grandes cuillères de yaourt Grec
- 1 jus de citron
- 2 grandes cuillères d'huile d'olive
- ½ petite cuillère de graines de moutarde moulues
- sel et poivre, au goût

Préparation:

- Fouetter ensemble le yaourt, l'huile, le jus de citron, les graines de moutarde, le sel et le poivre ;

- Dans un grand bol, mélanger les poivrons, les oignons, la tomate, la laitue, le radicchio et le radis ;

- Déchiqueter le thon et le mélanger dans la mixture de la salade ;

- Arroser avec la vinaigrette et mélanger pour incorporer.

31. PESTO DE ROQUETTE AU BASILIC

Avec ce pesto vous pouvez créer une pizza formidable et saine ou une pâte, grâce aux huiles essentielles et au basilic, qui sont de la famille du terpène. Ils peuvent favoriser l'apoptose et réduire la propagation des cellules cancérigènes.

Ingrédients:

- 4 tasses de basilic frais
- 1 ½ tasse de roquette fraîche
- 3 gousses d'ail
- ½ tasse de noix du Brésil
- jus d'un demi-citron
- ¼ petite cuillère de zeste de citron
- 4 grandes cuillères de bouillon de poule
- ¼ tasse d'huile d'olive
- sel et poivre, au goût

Préparation:

- Verser tous les ingrédients dans un robot de cuisine et mixer jusqu'à ce que ce soit homogène.

32. UN SANDWICH POUR UNE BONNE SANTÉ

Les aliments alkalins tels que la luzerne et l'avocat gardent le ph du sang à son niveau optimal, ce qui est très important pour la prévention et le traitement du cancer.

Ingrédients:

- 4 tranches de pain au blé complet et aux noix
- 200gr de saumon fumé
- 1 tasse de luzerne
- 1 tasse de cresson
- 1 avocat écrasé
- 3 grandes cuillères de yaourt Grec
- 2 grandes cuillères d'huile d'olive
- sel et poivre

Préparation:

- Écraser l'avocat et le mélanger dans le yaourt avec l'huile, le sel et le poivre ;
- Étaler la mixture de l'avocat sur les tranches de pain ;
- Arranger le saumon, la luzerne et le cresson et couvrir avec le pain.

33. NETTOYEUR JUTEUX

Les smoothies de légumes frais apportent une source précieuse d'enzymes et de nutriments antioxydants et sont facilement digérés. Les propriétés bien connues de l'ananas, du gingembre, du citron et du pollen d'abeille font de ce jus un tonique parfait pour la prévention contre le cancer.

Ingrédients:

- 1 tasse d'eau
- un demi-concombre
- 1 tasse d'ananas découpé
- 1 tige de céleri
- 1 jus de citron
- 1 petite cuillère de gingembre râpé
- 1 petite cuillère de pollen d'abeille
- 1 grande cuillère de miel
- 2 grandes cuillères d'amandes découpées

Préparation:

- Rincer et éplucher les fruits ;
- Mixer tous les ingrédients ensemble ;
- Servir dans un grand verre et déguster immédiatement.

AUTRES TITRES DE CET AUTEUR

70 Recettes de Repas pour Prévenir et Résoudre les Problèmes de Surpoids : Brûlez Rapidement les Graisses avec un Régime et un Plan Nutritif Adaptés et Intelligents

Par

Joe Correa CSN

48 Recettes de Repas pour Résoudre les Problèmes de l'Acné : Une Méthode Naturelle et Rapide pour Résoudre vos Problèmes d'Acné en Moins de 10 Jours !

Par

Joe Correa CSN

41 Recettes de Repas pour Prévenir la Maladie d'Alzheimer: Réduisez ou Éliminez votre Condition d'Alzheimer en 30 Jours ou Moins !

By

Joe Correa CSN

70 Recettes de Repas Efficaces pour Prévenir et Combattre le Cancer du Sein : Prévenez et Combattez le Cancer du Sein avec un Plan Nutritif Intelligent et des Aliments Puissants

Par

Joe Correa CSN